I0842682

Note gnoseologiche sull'inconscio e sullo statuto epistemologico psicoanalitico

Saggio di Roberto Barreca

INDICE
Note gnoseologiche sull'inconscio e sullo statuto epistemologico psicoanalitico

1) Presentazione di due crucci

Negli studi da me compiuti di Filosofia, Psicologia e Psicoanalisi, ho ravvisato il raggiungimento di elevati vertici teoretici ed intricate spiegazioni della realtà. Il mio rammarico è sempre stato quello di non poter far parlare tra loro tali linee di pensiero, assumendo un vertice unico, perché i cultori delle diverse discipline in genere ignorano tale possibilità. E' possibile confrontare la teoresi di un filosofo e quella di uno psicoanalista? Molti sono convinti di no, eppure per molta parte, essi sembrano indagare aree simili, come ad esempio quali siano le condizioni e le modalità dell'apprendere, che cosa sia il pensiero, cosa la realtà, ecc[1]...

L'altro cruccio consiste nel complesso d'inferiorità che ho a volte ravvisato in più di un collega psicoanalista, a fronte delle presunte certezze degli altri orientamenti teorico-clinici e a fronte delle presunte inconfutabili obiezioni all'esistenza dell'inconscio, ancora e sempre motivo di perplessità, pregiudizi, svalutazioni ingiustificate e frutto d'ignoranza, prima ancora che di dibatti teoretici.

Il presente contributo mira a scalzare entrambi questi impedimenti e mira ad una più piena integrazione della psicoanalisi nel dibattito scientifico contemporaneo. Se avrò data, a fine lettura, l'impressione di una prospettiva smitizzante e quasi riduttivistica dell'inconscio, a fronte delle pretese assolutizzanti che molti Autori ritengono indispensabili, ciò sarà forse dovuto ad una prospettiva duplice quanto a vertice osservativo (psicoanalitico e filosofico insieme, come sopra ricordato), ma certo non immemore del principale insegnamento storico filosofico, non relativizzante, ma bensì

---

[1] Esistono, è vero, studi di autorevoli Autori in tale direzione, come, p.es., di Conrotto Francesco, *Per una teoria psicoanalitica della conoscenza*, Milano, Franco Angeli, Editore, 2010, ma in prospettiva più nettamente psicoanalitica rispetto all'approccio interdisciplinare indicato nel presente lavoro..

deassolutizzante e fondamentalmente democratico, in base al quale è bene far dire a ciascuno ciò che ha da dire, senza però prendere per buono ciò che dice, ma confrontandolo con le ragioni degli altri Autori e delle altre correnti di pensiero.

2) Premessa logica

Nel presente scritto vi è qualcosa di significativo nell'assumere quale vertice osservativo, oltre a quello psicoanalitico, anche quello filosofico. Nel presente scritto vi è qualche cosa di non significativo nell'assumere quale vertice osservativo, oltre a quello psicoanalitico, anche quello filosofico.

Quanto espresso nelle due proposizioni precedenti non è un refuso e non è un paradosso. Secondo quanto ci insegna la logica aristotelica, infatti, le due proposizioni che aprono il presente lavoro non sono:

a) contraddittorie, tali per cui esse non possano essere entrambe vere, né entrambe false;

b) contrarie, tali per cui esse non possano essere entrambe vere e possano invece essere entrambe false.

c) subalterne, tali per cui possano essere entrambe false ed entrambe vere;

Esse sono invece subcontrarie: non possono essere entrambe false, ma possono essere entrambe vere.

Il riferimento alla logica aristotelica è l'*Organon*[2], anche se quello citato in premessa è il cosiddetto "quadrato logico delle opposizioni", tratto dai principii logici fissati da Aristotele, ma di

---

[2] Aristotele, *Organon*, a cura di Giorgio Colli, Milano, Adelphi, 2003.

elaborazione medioevale:

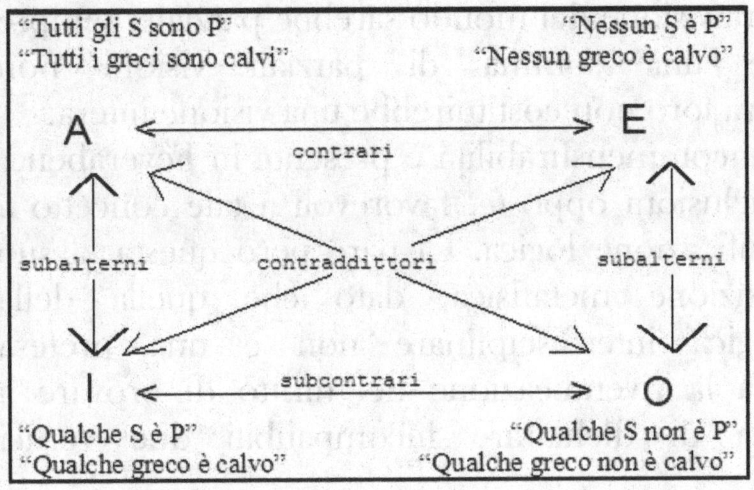

Tale doppio vertice osservativo, cioè, filosofico e psicoanalitico insieme, potrà avere in sé qualcosa di significativo e qualcosa di non significativo, o qualcosa di significativo e nulla di non significativo, o qualcosa di non significativo e nulla di significativo, ma non potrà non avere né qualcosa di significativo, né qualcosa di non significativo.

Anche se avesse soltanto qualcosa di non significativo e nulla di significativo, esso non sarebbe indifferente: è qualcosa di diverso dall'approccio psicoanalitico puro e da quello filosofico puro. Il tentativo di uno sguardo sinottico, sarebbe di per sé apprezzabile.

Se i due vertici osservativi, risultassero incommensurabili, infatti, a risentirne sarebbe, prima ancora della significatività del presente scritto, la significatività delle due discipline, perché il fatto che il sapere si sia, nei secoli, specializzato non dovrebbe impedire la sua riunificazione logica, a nostro avviso.

Se così fosse, infatti, significherebbe che tale specializzazione sarebbe nel tempo divenuta una parzializzazione scotomizzante. Se i saperi specialistici fossero imparagonabili fra di loro, secondo noi avremmo perso qualcosa. La nostra visione del mondo sarebbe parziale, sempre secondo noi e una somma di parziali visioni non commensurabili tra loro non costituirebbe una visione intera.

Il tema dell'incommensurabilità è presente in Feyerabend[3] che giunge a conclusioni opposte, favorevoli a tale concetto a scapito della riunificazione logica. Ci pare però questa, a suo modo, una posizione metafisica, dato che quella della riunificazione logica interdisciplinare non è una pretesa assolutizzante, ma la rivendicazione del diritto di provare a riunificare, prima di dichiarare incompatibili due vertici osservativi.

Il tema d'incrocio, che permette l'azione combinata ed il raffronto dei due vertici osservativi sopraddetti, filosofico e psicoanalitico, è la gnoseologia.

La gnoseologia si occupa delle condizioni di possibilità della conoscenza, cioè del cosa e del come si può conoscere. A fatica può definirsi una disciplina a sé stante e meno che mai può essere considerata una disciplina distaccata dalle altre, proprio perché è parte di una riflessione teoretica generale che precede e riguarda tutte le altre. E' in realtà un'interrogazione fondamentale, in ciò affine all'ontologia, che invece si interroga su che cos'è l'essere.

La gnoseologia può essere considerata una disciplina che fa – con le dovute distinzioni – da premessa sia alla disciplina filosofica, sia alla disciplina psicoanalitica. Il presente articolo tratta quindi un tema di confine e di confronto, che può essere – fatte sempre le dovute precisazioni e distinzioni – di arricchimento sia per la riflessione teoretica filosofica, sia per quella teoretico-clinica psicoanalitica. Sulla differente valenza delle riflessioni teoretiche per la filosofia da un lato e per la

---

[3] V. rif. in nota n. 10, *infra*.

psicoanalisi dall'altro, valga invece quanto afferma Bion in apertura della sua "Teoria del pensiero"[4].

3) Gnoseologia bioniana: tra Kant e Popper

Premetto che quanto segue non costituisce minimamente un tentativo di fornire alcun apporto all'esegesi teoretica bioniana che, grazie alla ricchezza e complessità dell'Autore, ha numerosi cultori. Quanto segue costituisce invece un tentativo d'inquadrare alcuni aspetti, a nostro avviso fondamentali, della riflessione di Bion in un flusso di riflessioni altrettanto fondamentali che hanno interessato la storia della teoresi filosofica di tipo gnoseologico. Ciò potrebbe portare a confutare, o viceversa a rafforzare, alcune delle posizioni teoretiche forti di Bion in particolare e della psicoanalisi in generale.

Rinsaldare le proprie basi teoretiche fa bene ad ogni disciplina, a nostro avviso, e ciò può essere fatto soltanto o prevalentemente mediante il confronto forte e diretto con i nuclei teorici delle discipline che si sono confrontate anch'esse con la gnoseologia, come la filosofia in generale e la filosofia della scienza in particolare.

Bion richiama Kant con la sua teorizzazione dell'esistenza della "cosa in sé" (o "noumeno", in Kant). Essa è inconoscibile. Essa è la realtà. Essa è la verità assoluta[5]. Tale concetto, però, distingueva - proprio in Kant - il terreno della scienza da quello della metafisica. La scienza dell'assoluto perdeva

---

[4] V. Bion, Wilfred R., *Analisi degli schizofrenici e metodo psicoanalitico*, Roma, Armando, 2009, tit. orig.: *Second Thoughts (Select Papers of Psychoanalysis)*, Londra, Heinemann, 1967, pp. 169-170.

[5] Bion, Wilfred R., *Attenzione e interpretazione*, Roma, Armando, 2002, tit. orig.: *Attention and Interpretation. A Scientific Approach to Insight in Psycho-Analysis and Groups*, Tavistock Pubblication, Londra, 1970, pp. 39-44. In *Apprendere dall'esperienza*, (Roma, Armando, 2009, tit. orig. *Learning from Experience*, William Heinemann, Medical Books, Ldt., London, 1962, p. 27), l'analogia è fra cosa in sé ed elementi beta.

definitivamente, proprio grazie alla teoresi kantiana, lo statuto di scienza, e diveniva non scienza, in quanto Kant chiarisce in modo definitivo che non si può fare scienza della cosa in sé, ma solo dei fenomeni. La presunta scienza della cosa in sé è invece, secondo Kant, la metafisica e in quanto tale essa non è una scienza.

Bion, con apparente paradosso, riprende il concetto di cosa in sé kantiana proprio per sostenere che è possibile una scienza della cosa in sé, e candidando a scienza della cosa in sé la psicoanalisi. Per Kant invece si può avere scienza e conoscenza solo del fenomeno, di ciò che appare, e non della realtà. Quindi sembrerebbe che Bion stia riprendendo un'argomentazione kantiana per rovesciarne il significato, collegando l'oggetto della psicoanalisi come scienza proprio alla possibilità di conoscere quella cosa in sé che Kant aveva escluso potesse essere oggetto di scienza, definendola oggetto della sola metafisica.

Bion conosceva molto bene il concetto di cosa in sé kantiano e le sue implicazioni gnoseologiche, come testimonia in *Apprendere dall'esperienza*[6], ma non concordiamo con l'opinione di alcuni autorevoli Autori, come per esempio Nino Dazzi[7], i quali a nostro avviso eludono il problema posto da Bion. Dazzi sostiene un inevitabile scarto teoretico tra le teorie di Bion e gli stessi suoi concetti così come sono stati trattati nel corso della storia della filosofia da Kant in poi, sostenendo un Bion mistico che nulla aggiunge, a parere nostro, a ciò che di Bion è già stato notato – a torto o a ragione – da molti altri Autori.

---

[6] Bion, Wilfred, *Apprendere dall'esperienza*, Roma, Armando, 2009, tit. orig. *Learning from Experience*, William Heinemann, Medical Books, Ldt., London, 1962, p. 27, nota.
[7] In: Neri, Claudio; Correale, Antonello; Fadda, Paola, *Letture bioniane*, Roma, Edizioni Borla, 1994, pp. 406 sgg.

All'apparente paradosso gnoseologico bioniano si aggiunge anche quanto indicato da Popper[8] come discrimine tra scienza e non scienza. Secondo Popper, scienza è solo quella sperimentale in quanto l'esperimento indica la possibilità di falsificare, non già di verificare *ad aeternum*, un sistema di ipotesi. Il poter mettere alla prova una teoria, una tesi, un'opinione scientifica è legato, secondo Popper e dopo di lui secondo Kuhn[9] e Lakatos[10], e con discorso a parte per Feyerabend[11], alla possibilità di falsificare quella teoria, non di verificarla.

Kuhn ritiene che le teorie non nascano da una presunta osservazione empirica ingenua, ma costituiscano un insieme di costrutti intrecciati tra loro, costituenti un paradigma. Ogni teoria scientifica passa per varie fasi, rappresentate dall'evoluzione del suo paradigma che, da stabile, si fa precario con il verificarsi di eccezioni, fino al punto in cui esso è soggetto ad una rivoluzione e all'avvento di una nuova teoria, con un nuovo paradigma, in grado di spiegare anche le eccezioni che la teoria precedente non spiegava.

Lakatos sostiene che le teorie scientifiche prevedono l'adozione di teorie ausiliare (la cosiddetta "cintura protettiva") a difesa della teoria principale ("nocciolo duro"), quando emergono fatti in contrasto con le teorie stesse, in modo tale che la teoria principale non viene messa in crisi immediatamente da cambiamenti rivoluzionari di paradigma.

Feyerabend sostiene che il cambio di paradigma da una teoria scientifica ad un'altra non dovrebbe essere legato ad alcuna forma di coerenza e che il nuovo paradigma scientifico

---

[8] Popper, Karl, *Logik der Forschung*, Akademie Verlag, I ed. 1934.
[9] Kuhn, Thomas, *The structure of scientific revolutions* (3rd ed.). Kuhn, Thomas S. Chicago, IL, US: University of Chicago Press. (1996). xiv 212 pp. (I ed. 1962).
[10] Lakatos, Imre, *La metodologia dei programmi di ricerca scientifici*, Il Saggiatore, 2001, tit. orig. The Methodology of Scientific Research Programmes, Edited by John Warral and Gregory Currie, Philosophical Papers, Vol. I, 1978.
[11] Feyerabend, Paul, *Against Method: Outline of an Anarchistic Theory of Knowledge* (1975), traduzione italiana *Contro il metodo: Abbozzo di una teoria anarchica della conoscenza*, Feltrinelli, Milano.

non dovrebbe essere obbligato, per essere ritenuto valido, a spiegare tutti i fatti spiegati dai paradigmi precedenti (più le eccezioni), come invece sostenevano, ognuno a suo modo, Popper, Kuhn e Lakatos.

In virtù del suo principio falsificazionista, Popper accomuna nella categoria della non-scienza la metafisica, la psicoanalisi e il marxismo, in quanto si tratta di sistemi teoretici che - tutti - possono trovare presunte conferme *ad infinitum*, ma non sono mai passibili di essere falsificati. Ciò li rende non scientifici. Il paradigma scelto da Popper per definire una scienza è quello galileiano della scienza fisica, dunque, ossia la scienza sperimentale. Al riguardo, però, Bion ci avverte che tale scienza è scienza delle cose inanimate, morte[12], e in quanto tale essa pone l'uomo che conosce sullo stesso piano dello psicotico che vede e indaga la realtà come cosa inanimata e morta. Sembrerebbe quindi che, secondo Bion, se la psicoanalisi soggiacesse a tale principio della scienza fisica sperimentale, semplicemente essa non potrebbe esistere come disciplina, in quanto indaga cose vive, come le emozioni e i vissuti consci ed inconsci delle persone.

Ora, come si risolve tale apparente paradosso bioniano, che consiste nella pretesa di fare scienza su di un nucleo, quello dell'inconscio, o della realtà clinica, o della cosa in sé, che sembra ed è di per sé metafisico, quindi non passibile di indagine scientifica?

Già Freud, nel "Progetto di una psicologia"[13], teorizzava l'esistenza di rappresentazioni senza soggetto, nel descrivere la coscienza in termini di neuroni ω, che possono o meno prendere parte ai processi psichici, e s'imbatteva quindi già da

---

[12] Bion, Wilfred R., *Apprendere dall'esperienza*, Roma, Armando, 2009, tit. orig. *Learning from Experience*, William Heinemann, Medical Books, Ldt., London, 1962, p. 36.

[13] Freud, Sigmund, "Progetto di una psicologia", 1895, (in Freud, Sigmund, *Opere, 2, Progetto di una psicologia e altri scritti 1892-1899*, Torino, Bollati Boringhieri editore, 1989. Ediz. Orig.: *Sigmund Freud Gesammelte Werke, 18 voll.*, S. Fischer Verlag GmbH – Frankfurt am Main, p. 216).

subito nel problema metafisico della presupposizione di un processo di pensiero di cui non c'è necessariamente consapevolezza, ma che supponiamo esista come forma di pensiero anche quando tale consapevolezza manca. Tutto ciò, ancora prima delle sue teorizzazioni fondamentali sull'inconscio.

Innanzitutto, però, dobbiamo citare il fatto che tutti i riferimenti e le ricerche di senso di tipo gnoseologico di Bion fanno riferimento alla realtà clinica, quindi partono da quella che possiamo definire un'"appercezione"[14] di O: intendiamo qui il termine appercezione nell'accezione filosofica inaugurata da Leibniz, come percezione di percepire. E' una consapevolezza, quella bioniana, dell'esistenza di quel nucleo che costituisce la realtà clinica ed emotiva del paziente, la verità o l'insieme di verità intime, ed è una fiducia nella possibilità di entrare in consonanza con essa.

Non sarebbe altrimenti possibile comprendere nemmeno il filo del discorso bioniano. Detto ciò, va accettato che il problema per la psicoanalisi in generale, da Freud in poi, e non solo per le asserzioni che su di essa enuncia Bion (ma egli, più di tutti gli altri Autori, insiste nel sostenere il paragone tra la scienza e la disciplina che si occupa dell'inconscio), il problema del "nucleo metafisico" dato dal presupporre l'esistenza dell'inconscio permane. Il problema è - com'è noto - se a fronte di ciò si possa parlare di scienza psicoanalitica e sopratutto con quale modalità e statuto epistemologico, oltre che ontologico.

4) Possibili soluzioni al paradosso

A tal proposito, Bion dà una risposta implicita proprio alle obiezioni mosse da Popper alla psicoanalisi, rifacendosi al

---

14. Cfr. G. W. Leibniz, *Scritti filosòfici*, a cura di D. O. Bianca, UTET, Torino, 1967.

metodo fenomenologico (analisi del vissuto come analisi del fenomeno interno, potremmo dire) inaugurato da Kant e che in filosofia è stato sviluppato da Husserl e da Heidegger. Tale passaggio, cruciale e delicato, se convincente, ci permetterebbe di sfatare il mito della psicoanalisi come disciplina dell'eterna verificazione e dell'impossibile falsificazione, quindi per Popper espulsa dal novero delle scienze.

Se l'analisi bioniana del vissuto è paragonabile all'analisi kantiana del fenomeno, allora è possibile definire la psicoanalisi - kantianamente parlando - una scienza. Ma allora è possibile definirla tale anche in senso popperiano. Ciò perché l'analisi del vissuto ci permette non solo di verificare, ma anche di falsificare (se il nostro vissuto la disconferma) un'ipotesi diagnostica e/o interpretativa nell'*hic et nunc* della seduta. Se tale ipotesi epistemologica e metodologica ha un senso, possiamo dire che Bion ha restituito alla psicoanalisi lo statuto ontologico ed epistemologico di scienza, perlomeno secondo i parametri - in verità assai rilevanti per tutto il pensiero gnoseologico ed epistemologico anche contemporaneo - dettati da Kant.

Se è vera tale riflessione, abbiamo ottenuto che Bion aiuta a sfatare il mito della psicoanalisi come non scienza. Se accettiamo l'analogia tra metodo fenomenologico (Husserl, Heidegger) inaugurato da Kant (concentrarsi sul fenomeno, possibilità di studiare e conoscere ciò che appare) e vissuto del terapeuta, abbiamo superato un primo ostacolo all'equiparazione tra psicoanalisi e paradigma scientifico. Se riuscissimo anche a superare l'obiezione della non falsificabilità che costituisce la critica alla psicoanalisi da parte di Popper, avremmo ottenuto un ulteriore punto a favore dell'ipotesi della psicoanalisi come scienza. In realtà, possiamo sfatare anche il mito della non falsificabilità, dal momento che, se un'interpretazione viene sconfessata dal vissuto, essa può essere scartata.

5) Uno strano contesto sperimentale

In un ipotetico, immaginario contesto psicoanalitico e sperimentale insieme, poiché le moderne tecniche di *neuroimaging*[15] comprovano quali aree cerebrali si attivano a fronte delle emozioni, se il vissuto del terapeuta non risultasse compatibile con le emozioni che si attivano durante l'analisi nel paziente, attestate dall'attivarsi visibile delle aree cerebrali, tale vissuto del terapeuta e/o l'interpretazione ad esso collegata sarebbero falsificati popperianamente. Potremmo affermare, in tal caso, di trovarci di fronte a una proiezione del terapeuta. Così, c'è una doppia falsificabilità dell'interpretazione: la teoria ha la prima controprova nel vissuto del terapeuta e il vissuto del terapeuta può essere confrontato – in un ipotetico contesto sperimentale – anche con la realtà emozionale del paziente. E avremmo – in tal caso - anche salvato il paradigma sperimentale, sfatandone l'incompatibilità con la psicoanalisi. Il metodo dell'analisi del proprio vissuto presuppone il collegamento di tale vissuto con la cosa in sé che è costituita dal vissuto e dall'inconscio del paziente. Tale è stato lo scandalo bioniano rispetto alla teoria intrapsichica freudiana e kleiniana, scandalo che ha aperto la strada alla psicoanalisi intersoggettiva.

Il paragrafo precedente sarebbe inaccettabile, certtamente, in una prospettiva bioniana "pura". Valga per tutti, il riferimento bioniano alla fotografia della fontana della verità, in *Apprendere*

---

[15] V, p.es., Gallese, Vittorio, "Dai neuroni specchio alla consonanza intenzionale. Meccanismi neurofisiologici dell'intersoggettività", in Rivista di Psicoanalisi, 2007, LIII, 1, 197-208. Esperimenti sull'efficacia della psicoterapia mediante l'analisi delle aree cerebrali interessate sono stati già effettuati con riscontri positivi, sia pure nell'ambito della psicoterapia ad indirizzo cognitivo.

dall'esperienza[16]. Certo è che da tale punto di vista le tecniche di *neuroimaging* sembrerebbero un tradimento inemendabile del metodo psicoanalitico in generale e bioniano in particolare, il cui presupposto cardine sembra quello in base al quale ciò che accade nell'*hic et nunc* della seduta, se osservato dall'esterno, tanto peggio in un contesto dichiaratamente sperimentale, sarebbe tradito e falsato, e non avrebbe alcun valore. In ciò, la posizione di Bion[17] è collegata alle scienze contemporanee che, a partire dal principio d'indeterminazione di Heisenberg, hanno scoperto che un fenomeno osservato è un fenomeno modificato, per cui non c'è mai in realtà osservazione pura, ma sempre relazione osservante-osservato. Anche tale constatazione, quindi, collega la psicoanalisi, *in primis* la prospettiva bioniana, alla scienza contemporanea, in quanto il rapporto soggetto-oggetto inteso all'antica maniera come causa-effetto, conoscente-conosciuto, terapeuta-paziente, viene sostituito dal concetto di correlazione.

Il nostro paragrafo vale quindi, se vale, a dimostrare che non esiste affatto una presunta infalsificabilità della psicoanalisi, né a livello teoretico, né a livello clinico. E ciò vale, se vale, a confutare il principale pregiudizio sulla psicoanalisi come non scienza.

6) Oltre Gadamer

Un altro modo per ottenere lo statuto scientifico a beneficio della psicoanalisi sarebbe l'adesione all'ermeneutica di Gadamer[18]: così si vedrebbe la psicoanalisi come una disciplina dell'interpretazione, come un testo letterario che deve essere

---

[16] Bion, Wilfred, *Apprendere dall'esperienza*, (Roma, Armando, 2009, tit. orig. *Learning from Experience*, William Heinemann, Medical Books, Ldt., London, 1962, p. 15).

[17] Bion, Wilfred R, *Gli elementi della psicoanalisi*, Roma, Armando, 1979, tit. orig. *Elements of Psychoanalysis*, 1963.

[18] Abbagnano, Nicola; Fornero, Giovanni, "L'ermeneutica: Gadamer", in *Filosofi e filosofie nella storia. Volume terzo*, Torino, G. B. Paravia & C. S.p.A., 1986.

coerente e che ha come unico obbligo imprescindibile, per essere considerata disciplina scientifica, la coerenza interna delle interpretazioni, o del "testo" della seduta. Ma in tal caso, cioè nella scelta dello statuto dell'ermeneutica gadameriana per la psicoanalisi, si salverebbe solo la coerenza della teoria e dell'interpretazione clinica, senza confrontarla con il vissuto. Si perderebbe la falsificabilità popperiana: perciò il metodo del confronto tra ipotesi interpretativa ed analisi del proprio vissuto è da ritenersi superiore all'ermeneutica gadameriana[19].

7) L'inconscio come insieme finito

Ma possiamo spingerci oltre, nell'eliminare l'alone metafisico che nuoce alla psicoanalisi come scienza. Noi abbiamo - è vero - dovuto ammettere la cosa in sé bioniana, perché nell'intersoggettivismo che essa implica vi è la radice della falsificabilità delle interpretazioni (mediante il confronto tra l'ipotesi interpretativa e il nostro vissuto di terapeuti che si presume corrisponda alla cosa in sé, ossia alla realtà clinica del paziente), ma nulla ci obbliga - anzi, ciò nuocerebbe alla psicoanalisi - a considerare la cosa in sé, o l'inconscio in generale, come infinito.

Considerare, come fa Matte Blanco[20], la cosa in sé, l'inconscio, come infinito, fa ripiombare la psicoanalisi nella metafisica, postulando l'obbligo dell'esistenza di qualcosa di indimostrabile ed inconcepibile per la mente umana.

Esiste, beninteso, il pericolo opposto: assolutizzare l'inconscio, fare una metafisica dell'inconscio, ha come contraltare storico-filosofico il mettere in atto una metafisica

---

[19] Sull'applicazione dell'ermeneutica alla psicoanalisi, e suoi limiti, v. anche *La ricerca in psicoanalisi*, di Horst Kachele, Helmut Thoma, Urbino, 2003, pp. 33-47.

[20] Matte Blanco, Ignacio, *L'inconscio come insiemi infiniti. Saggio sulla bi-logica*, Torino, Giulio Einaudi editore, 1981, tit. orig.: *The Unconscious as Infinite Sets. An Essay in Bi-Logic*, Gerald Duckworth & Company Ltd, London, 1975.

della coscienza. Tale è il caso, per esempio, dei cosiddetti filosofi spiritualisti. Valga per tutti l'esempio del più completo e meno pedissequamente spiritualista tra essi: Henri Bergson. Egli, già in *Matière et mémorie*[21], sostiene l'incorruttibilità dei ricordi e quindi della coscienza anche a fronte di lesioni organiche cerebrali, costituendo, con tale posizione, una metafisica della coscienza stessa, almeno secondo il parere complessivo di autori come Mathieu[22].

Peraltro, lo stesso Mathieu omette di ricordare che Bergson ci parla, in modo affine a Proust, anche di ricordi involontari. Se il suo sistema filosofico costituisse una mera metafisica della coscienza, dovremmo presupporre che Bergson considerasse la possibilità di una coscienza involontaria, concetto alquanto contraddittorio per chi si prefiggesse come obiettivo la messa in atto di una metafisica della coscienza. Tra l'altro, il concetto di ricordo involontario presenta forse qualche assonanza con la teorizzazione bioniana dei pensieri senza pensatore.

E' difficile spiegare qui per quale motivo tali posizioni (ricordi involontari e pensieri senza pensatore), che potrebbero a tutta prima sembrare ancora più metafisiche della presupposizione dell'inconscio, oggetto del presente lavoro, sollevino a parer nostro minori problemi teoretici. Forse perché il sopravvenire di un pensiero o di un ricordo, come se provenisse da un'altra parte, da fuori o dall'alto, è un'esperienza nota che non desta altrettanto scandalo nel pensiero comune e nella scienza rispetto alla presupposizione di un'entità altra rispetto alla coscienza. Cioè, mentre i ricordi, volontari o no, o i pensieri, con o senza pensatore, sono entità note, l'inconscio non è altrettanto condiviso da tutti come esperienza diretta, ma pare un'elaborazione concettuale secondaria ed un'entità

---

[21] Bergson, Henri, *Matière et mémorie*, 1896, in *Oeuvres*, Paris, P.U.F., 1970 (I ed. 1959).
[22] Mathieu, Vittorio, *Bergson, il profondo e la sua espressione*, 1971, Napoli, Guida Editori.

aggiuntiva rispetto al bagaglio esperienziale, proprio per le sue caratteristiche di non immediata percepibilità di cui ci parla Bion a proposito della necessaria messa tra parentesi della sensorialità per entrare in contatto con la cosa in sé[23].

Tornando all'obiezione alla concezione dell'inconscio inteso come infinito, poiché l'inconscio è parte dell'uomo e l'infinito è una caratteristica di Dio, se l'inconscio fosse concepito come infinito, paradossalmente l'uomo sarebbe assimilato a Dio. Forse però la psicoanalisi non ha bisogno di negare il limite e la finitudine, in modo schizoparanoide[24]. Inoltre, ciò significherebbe postulare qualcosa di solo definitorio e nominale - come l'infinito - ma di inconcepibile e non vivibile, violando il principio scientifico psicoanalitico che ci impone di confrontare le ipotesi interpretative con il nostro vissuto che, nel caso del vissuto dell'infinito, non esiste come tale o quantomeno è discutibile (la comunione con O non sembra comportare, infatti, necessariamente la sua definizione in termini infiniti).

Si pensi poi al riflesso clinico di tale pretesa all'inconscio inteso come infinito, nei pazienti paranoici, per esempio, o - al contrario - nei malati terminali morenti, in psicooncologia. La convinzione conscia, inconscia o preconscia del terapeuta dell'infinitudine dell'inconscio potrebbe indurre l'acuirsi della paranoia nei primi e della depressione nei secondi.
Se noi – al contrario - postulassimo una coscienza finita e un inconscio anch'esso finito, non perderemmo nulla della teoresi

---

[23] Il tema, in realtà assai centrale e controverso in Bion, è riassunto, p.es., in Neri, Claudio; Correale, Antonello; Fadda, Paola, *Letture bioniane*, Roma, Edizioni Borla, 1994, pp. 219-223.
[24] Tale peraltro, per Bion, sarebbe la posizione propria del pensatore, inseguito da "pensieri che appartengono ad un sistema non umano, quello del campo O". Bion, Wilfred R., *Attenzione e interpretazione*, Roma, Armando, 2002, tit. orig.: *Attention and Interpretation. A Scientific Approach to Insight in Psycho-Analysis and Groups*, Tavistock Pubblication, Londra, 1970, p. 141.

psicoanalitica, e ci avvicineremmo alla psicoanalisi come scienza del limite[25].

Il limite – tra l'altro - è già presente, dacché Freud postulò che l'uomo razionale non è padrone in casa propria, essendo sottoposto a spinte pulsionali inconsce. Se noi in aggiunta a ciò, postulassimo arbitrariamente anche che l'inconscio è infinito, ci troveremmo di fronte al paradosso dell'uomo finito che è schiavo di forze interne infinite. Ciò costituirebbe qualcosa di più, forse, di una posizione metafisica: si tratterebbe di una sorta di precetto religioso.

Tale *petitio principii* – costituita dalla pretesa infinitudine dell'inconscio – spiegherebbe molto bene, tra l'altro, anche il nocciolo duro di diffidenza verso la psicoanalisi che ha l'uomo della strada, il cui senso comune gli impedisce di fidarsi di una disciplina che pretenderebbe di ridurre l'istinto religioso a meccanismo di difesa sublimatorio, imponendogli però contemporaneamente di credere altrettanto ciecamente che la forza, più o meno oscura, delle pulsioni inconsce da analizzare, sia invece infinita: un ben strano paradosso.

Del resto, Kant stesso, nella *Critica del giudizio*, definiva il sublime come un sentimento derivante dall'incommensurabilità del fenomeno, che ci fa pensare, ma solo pensare e mai poter provare, l'essenza infinita dell'inconoscibile cosa in sé[26]. Da tale prospettiva, credere erroneamente che l'inconscio sia infinito potrebbe essere anche descritto in termini schopenhaueriani, come velo di Maya[27], laddove al contrario la cosa in sé in termini kantiani, o la volontà in termini schopenhaueriani o l'inconscio in termini psicoanalitici, proprio perché inconoscibili, non sono né infiniti, né finiti di per sé, ma possono essere ritenuti finiti, se

---

[25] Cfr., p.es., Zapparoli,Giovanni; Adler Segre, Eliana, *Vivere e morire. Un modello di intervento con i malati terminali*, Milano, Feltrinelli, 1997.
[26] Kant, Immanuel, *Critica del giudizio*, Bari, Laterza, 1989, tit. orig., *Kritik der Urteilskraft*, 1790, pp. 103 sgg.
[27] Schopenhauer, Arthur, *Il mondo come volontà e rappresentazione*, Milano, Gruppo Ugo Mursia Editore S.p.A., 1969-1991, tit. orig. *Die Welt als Wille und Vorstellung*, Leipzig: F. A. Brockhaus, 1819, p. 44 e *passim*.

confrontiamo, come si notava sopra, l'ipotesi dell'infinitudine con il nostro vissuto che, se analizzato, ci parla sempre di qualcosa di finito.

Possibile obiezione a quanto sopra sarebbe costituita dall'argomentazione in base alla quale noi possiamo in effetti avere un vissuto di infinitudine, quando siamo di fronte al sublime, oppure in uno stato che definiremmo alterato dal punto di vista della ragione. Ma anche allora non ci sarebbe corrispondenza tra vissuto e teoria, e quindi scarteremmo l'ipotesi dell'infinitudine secondo il criterio della falsificabilità popperiana, perché in tali stati in cui ci sembra di avere un vissuto dell'infinito, è k, la ragione ad essere assente o dormiente, non corrispondente, quindi, a tale pretesa infinitudine, non coerente, cioè, con quel vissuto di infinitudine.

Tale situazione di incoerenza tra ragione e vissuto che si verifica quando definiamo infinito l'inconscio ricorda il noto metodo descritto nell'antichità per prendere le decisioni. Lo storico greco antico Erodoto[28] riferisce come uso dei Persiani il fatto che le decisioni venivano da loro prese prima da sobri e poi da ubriachi e solo se la scelta coincideva, la decisione veniva presa. Nel caso dell'inconscio visto come infinito, da sobri la ragione può ammetterlo, ma il vissuto no. In stato mentale di alterazione, invece, il vissuto può ammetterlo, ma la ragione no. Ecco perché, seguendo il metodo descritto da Erodoto, non conviene ritenere l'inconscio infinito.

Sembrerebbe, ad alcuni, tale vissuto di infinitudine, ciò a cui ci porta la teoria stessa di Bion, dal momento che da k ci si auspica di passare alla comunione con O. Ma non solo non è necessario concepire O come infinito, ma neppure lo è prescrivere l'abbandono di K. Se lasciassimo per sempre K per O, infatti, evidentemente non potremmo fare alcuna terapia, né

---

[28] Erodoto, *Storie*, 440 A.C., (1,133, 3-4), Milano, Mondori, 2000.

avere alcuna teoria, non faremmo quindi né clinica, né scienza. Il confronto tra il vissuto e K, ossia tra il vissuto emotivo e l'interpretazione razionale, è invece sempre necessario, ed anzi la comunione con O è interpretabile nel modo migliore proprio come la coincidenza del vissuto con l'interpretazione stessa. E' tale coincidenza, anzi, ciò che determina il fatto scelto, l'intuizione, il vedere dentro e il conseguente capire che tutto torna: l'interpretazione coincide con il vissuto nell'*hic et nunc*.

Riferimenti bibliografici

Abbagnano, Nicola; Fornero, Giovanni, "L'ermeneutica: Gadamer", in *Filosofi e filosofie nella storia. Volume terzo*, Torino, G. B. Paravia & C. S.p.A., 1986.

Aristotele, *Organon*, a cura di Giorgio Colli, Milano, Adelphi, 2003.

Bergson, Henri, *Matière et mémorie*, 1896, in *Oeuvres*, Paris, P.U.F., 1970 (I ed. 1959).

Bion, Wilfred R., *Analisi degli schizofrenici e metodo psicoanalitico*, Roma, Armando, 2009, tit. orig.: *Second Thoughts (Select Papers of Psychoanalysis)*, Londra, Heinemann, 1967.

Bion, Wilfred R., *Apprendere dall'esperienza*, Roma, Armando, 2009, tit. orig. *Learning from Experience*, William Heinemann, Medical Books, Ldt., London, 1962.

Bion, Wilfred R., *Attenzione e interpretazione*, Roma, Armando, 2002, tit. orig.: *Attention and Interpretation. A Scientific Approach to Insight in Psycho-Analysis and Groups*, Tavistock Pubblication, Londra, 1970.

Bion, Wilfred R, *Gli elementi della psicoanalisi*, Roma, Armando, 1979, tit. orig. *Elements of Psychoanalysis*, 1963.

Bion, Wilfred R., *Esperienze nei gruppi*, Roma, Armando, 2006 (I ed.: 1971), tit. orig.: Experiences in Groups and Others Papers, Tavistock Publications, Ltd., 1948, London.

Bion, Wilfred R., "La differenziazione tra personalità psicotica e non psicotica", in Spillius, Elizabeth, *Melanie Klein e il suo impatto sulla psicoanalisi oggi*, Vol. I: la teoria, 1995, Baldini Editore (Astrolabio), Roma, pp. 76-96. Titolo originale: *Melanie Klein today, 1988, Routledge – London and N.Y.*).

Bion, Wilfred R., *Trasformazioni. Il passaggio dall'apprendimento alla crescita*, 2012, Armando Editore, tit. orig. *Transformations*, 1965, London: William Heinemann.

Conrotto Francesco, *Per una teoria psicoanalitica della conoscenza*, Milano, Franco Angeli, Editore, 2010.

Erodoto, *Storie*, (440 A.C.), Milano, Mondori, 2000.

Feyerabend, Paul, *Against Method: Outline of an Anarchistic Theory of Knowledge* (1975), traduzione italiana: *Contro il metodo: Abbozzo di una teoria anarchica della conoscenza*, Feltrinelli, Milano.

Freud, Sigmund, *Opere, 1, Studi sull'isteria e altri scritti, 1886-1895*, Torino, Bollati Boringhieri editore, 1989. Ediz. Orig.: *Sigmund Freud Gesammelte Werke, 18 voll.*, S. Fischer Verlag GmbH – Frankfurt am Main.

Freud, Sigmund, *Opere, 2, Progetto di una psicologia e altri scritti 1892-1899*, Torino, Bollati Boringhieri editore, 1989. Ediz. Orig.: *Sigmund Freud Gesammelte Werke, 18 voll.*, S. Fischer Verlag GmbH – Frankfurt am Main.

Freud, Sigmund, *Opere, 3, L'interpretazione dei sogni, 1899*, Torino, Bollati Boringhieri editore, 1989. Ediz. Orig.: *Sigmund Freud Gesammelte Werke, 18 voll.*, S. Fischer Verlag GmbH – Frankfurt am Main.

Freud, Sigmund, *Opere, 4, Tre saggi sulla teoria sessuale e altri scritti, 1900-1905*, Torino, Bollati Boringhieri editore, 1989.

Ediz. Orig.: *Sigmund Freud Gesammelte Werke, 18 voll.*, S. Fischer Verlag GmbH – Frankfurt am Main.

Freud, Sigmund, *Opere, 6, Casi clinici e altri scritti, 1909-1912*, Torino, Bollati Boringhieri editore, 1989. Ediz. Orig.: *Sigmund Freud Gesammelte Werke, 18 voll.*, S. Fischer Verlag GmbH – Frankfurt am Main.

Freud, Sigmund, *Opere, 8, Introduzione alla psicoanalisi e altri scritti, 1915-1917*, Torino, Bollati Boringhieri editore, 1989. Ediz. Orig.: *Sigmund Freud Gesammelte Werke, 18 voll.*, S. Fischer Verlag GmbH – Frankfurt am Main.

Freud, Sigmund, *Opere, 10, Inibizione, sintomo e angoscia e altri scritti, 1924-1929*, Torino, Bollati Boringhieri editore, 1989. Ediz. Orig.: *Sigmund Freud Gesammelte Werke, 18 voll.*, S. Fischer Verlag GmbH – Frankfurt am Main.

Freud, Sigmund, *Opere, 11, L'uomo Mosè e la religione monoteistica e altri scritti, 1930-1938*, Torino, Bollati Boringhieri editore, 1989. Ediz. Orig.: *Sigmund Freud Gesammelte Werke, 18 voll.*, S. Fischer Verlag GmbH – Frankfurt am Main.

Gallese, Vittorio, "Dai neuroni specchio alla consonanza intenzionale. Meccanismi neurofisiologici dell'intersoggettività", in Rivista di Psicoanalisi, 2007, LIII, 1, 197-208.

Giorello, Giulio, *Introduzione alla filosofia della scienza*, Milano, R.C.S. Libri & Grandi Opere S.p.A., 1994.

Kachele, Horst; Thoma, Helmut, *La ricerca in psicoanalisi*, Urbino, 2003.

Kant, Immanuel, *Critica del giudizio*, Bari, Laterza, 1989, tit. orig., *Kritik der Urteilskraft*, 1790.

Klein, Melanie, *Invidia e gratitudine*, Firenze, G. Martinelli (1969, 1972, 1985). Tit. orig: *Envy and Gratitude*, London, Tavistock Publications Ltd., 11957.

Klein, Melanie, *Il nostro mondo adulto ed altri saggi*. Psycho, G. Martinelli & C., Firenze (1972, 1991), tit. orig.: *Our Adult World and Other Essays*, William Heinemann – Medical Books Ltd, London.

Klein, Melanie, *Scritti 1921-1958*, Torino, Bollati Boringhieri, 1978 e 2006. Titoli originali, *Contributions to Psycho.Analysis 1921-1945*, The Hogarth Press, London, 1948, *Developments in Psycho-Analysis*, The Hogarth Press, London, 1952.

Kuhn, Thomas, *The structure of scientific revolutions* (3rd ed.). Kuhn, Thomas S. Chicago, IL, US: University of Chicago Press. (1996). xiv 212 pp. (I ed. 1962).

Lakatos, Imre, *La metodologia dei programmi di ricerca scientifici*, Il Saggiatore, 2001, tit. orig. The Methodology of Scientific Research Programmes, Edited by John Warral and Gregory Currie, Philosophical Papers, Vol. I, 1978.

Leibniz, Gottfried Wilhelm von (1646-1716), *Scritti filosofici*, a cura di D. O. Bianca, UTET, Torino, 1967.

Mathieu, Vittorio, *Bergson, il profondo e la sua espressione*, 1971, Napoli, Guida Editori).

Matte Blanco, Ignacio, *L'inconscio come insiemi infiniti. Saggio sulla bi-logica*, Torino, Giulio Einaudi editore, 1981, tit. orig.:

The Unconscious as Infinite Sets. An Essay in Bi-Logic, Gerald Duckworth & Company Ltd, London, 1975.

Popper, Karl, *Logik der Forschung*, Akademie Verlag, I ed. 1934.

Schopenhauer, Arthur, *Il mondo come volontà e rappresentazione*, Milano, Gruppo Ugo Mursia Editore S.p.A., 1969-1991, tit. orig. *Die Welt als Wille und Vorstellung*, Leipzig: F. A. Brockhaus, 1819.

Spillius, Elizabeth Bott, *Melanie Klein e il suo impatto sulla psicoanalisi oggi*, Vol. I: la teoria, 1995, Baldini Editore (Astrolabio), Roma. Titolo originale: *Melanie Klein today, 1988, Routledge – London and N.Y.)*.

Spillius, Elizabeth Bott, *Melanie Klein e il suo impatto sulla psicoanalisi oggi*, Vol. II: la pratica, 1995, Baldini Editore (Astrolabio), Roma. Titolo originale: *Melanie Klein toda. Developments in Theory and Practice, Vol. II Mainly Practice*, 1988, Routledge – London and N.Y..

Zapparoli, Giovanni; Adler Segre, Eliana, *Vivere e morire. Un modello di intervento con i malati terminali*, Milano, Feltrinelli, 1997.

www.ingramcontent.com/pod-product-compliance
Lightning Source LLC
Chambersburg PA
CBHW012313240726
48656CB00008B/2671